PALES TINA EN EL COR AZÓN

La Fea Burguesía
POESÍA

Murcia
2024

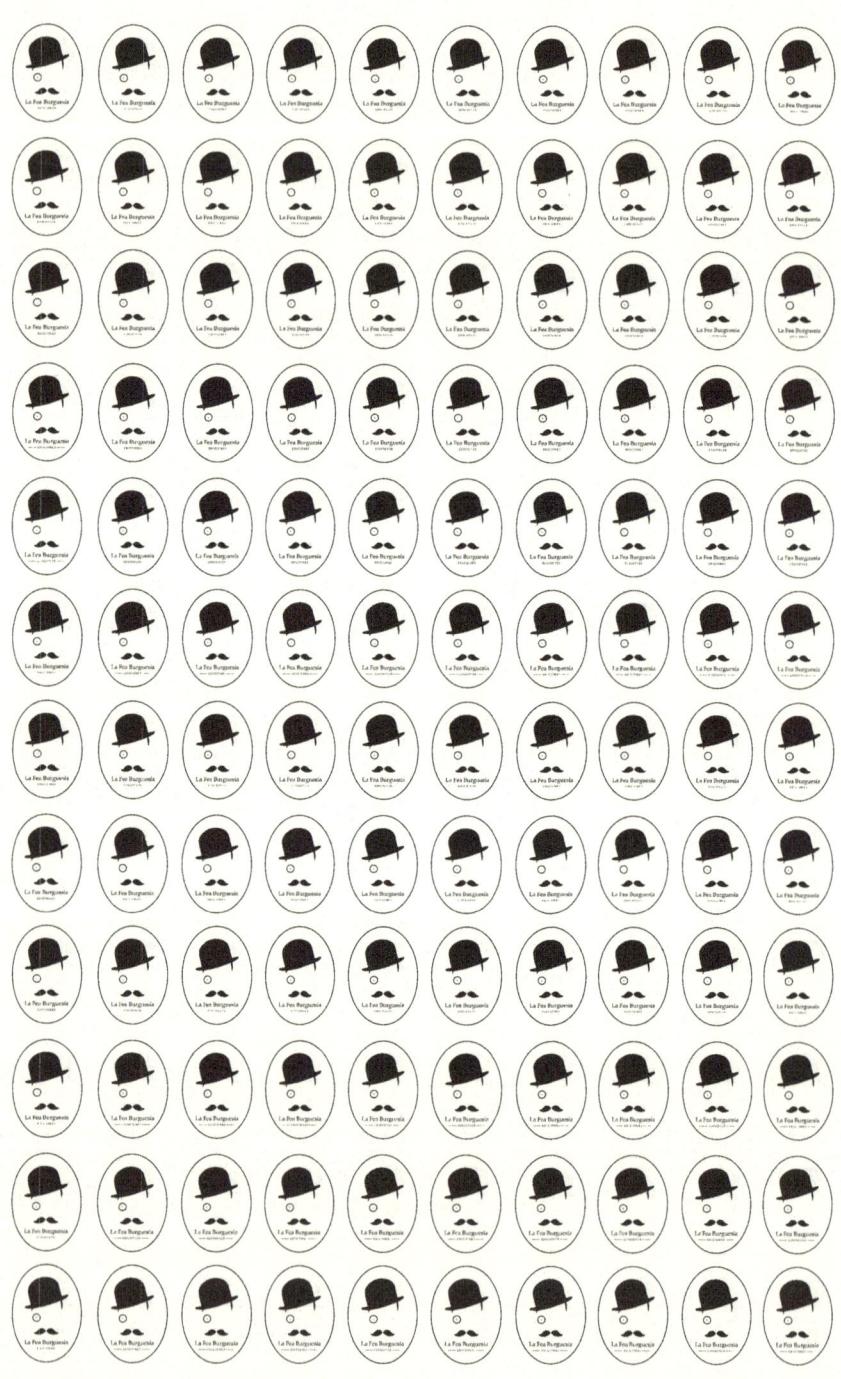

PALES
TINA EN
EL COR
AZÓN

**PASCUAL LÓPEZ
SÁNCHEZ**

La editorial es consciente de la necesidad
de los recursos naturales para consumir cultura
y de la colaboración en la conservación del medio ambiente.
Así pues, por la impresión de este libro, ha plantado
una ciprés (*Cupressus*) en el paraje
de El Horno en Cieza (Murcia)

«Palestina en el corazón»
© Pascual López Sánchez, 2024
© La Fea Burguesía Ediciones, 2024
Grupo Editorial Tres y Libros, SL
Murcia, España.
www.lafeaburguesia.es

Cubierta: Cristina Morano
Maquetación: Fernando Fernández Villa

Primera edición: mayo de 2024
IBIC: DCF
ISBN: 978 84 128591 0 2
Depósito legal: MU 502-2024

Printed in Spain - Impreso en España

Índice

PRÓLOGO

Antonio Balsalobre Martínez

«Los hombres de mi generación hemos tenido La España en nuestros corazones», dejó escrito Albert Camus en *L'Espagne Libre*. Y así fue. Hay corazones tan grandes, nos enseña la historia, que puede caber en ellos todo un pueblo. En el del poeta y médico Pascual López Sánchez, eso y mucho más. Puede caber Palestina, con *las lágrimas que ahora le niegan quienes sufrieron lágrimas y silencios*, pero también la mucha sangre llorada desde Camboya a Siberia, pasando por Praga, los Andes, Sudáfrica y tantos otros lugares. Y, cómo no, también la derramada en España. En esa España de que hablaba Camus y que todavía busca a los muertos republicanos que yacen en las cunetas de los caminos.

Y aún le queda al poeta espacio para albergar otro universo, que está en éste: el amor a los suyos. A su Josefina, a sus hijos e hijas, a sus nietos, a sus amigos…

Cuando no paran de llegar desde Gaza las más trágicas noticias, que se repiten como un mar sin cesar empezando, que diría Paul Valéry; cuando no cesa de azotar esa tierra y a ese pueblo una tormenta hernandiana «de piedras, rayos y hachas estridentes, sedienta de catástrofes», llega a nuestras manos este hermoso y doloroso libro de Pascual. Este canto a Palestina. Entre bombas que destruyen casas y hospitales, el hambre que mata o miles de niños gazatíes inhumados *con sus mortajas blancas*, clama Pascual con sus versos, cálidos y acerados a un tiempo, contra un genocidio que estremece al mundo. Al menos, al mundo digno de compadecerse del sufrimiento ajeno.

De nuevo nos ha regalado Pascual una obra de una inmensa hondura poética. Poética y humana. Como médico no puede dejar de rebelarse contra *estos tiempos de guerra y de metralla sobre los hospitales*. Como poeta, palpitan sus versos ante el llanto de *niños y madres muertas, sin leche, sin cantos*.

Desde sus primeros versos como joven estudiante hasta ahora, poeta cuajado, Pascual López Sánchez ha demostrado poseer una aguda sensibilidad artística, una habilidad innata para expresarse. No en vano es uno de los lectores de poesía más erudito que conozco.

De todo ello brota un verso de una rara perfección formal, preñado de metáforas soberbias que *aletean de tanto decir*. Una poesía portadora de sueños de justicia y libertad. Jalonada, en su ya dilatada obra, de experiencias y vivencias personales, íntimas también a veces, que entroncan con un compromiso inquebrantable con los que sufren.

Ya sea en los haikus, que traen a este poemario el aire lejano de Japón y una luz de sabiduría ancestral, y se encadenan con *crueles guerras, libretas rotas* u *olivos de paz*; ya sea en los poemas de verso libre, también se gritan aquí, como en Celaya, las verdades: «las bárbaras, terribles, amorosas crueldades».

Espero volver pronto a Palestina. Me llevaré entonces este poemario y leyendo sus versos pisaré de nuevo las calles de Ramala, Hebrón, Belén, Jericó, Jerusalén... donde hace ahora cuatro años pude presenciar el tenso latir de la vida cotidiana de los palestinos bajo la ocupación, atrapados en un muro vergonzoso que los ahoga, rodeados de infames asentamientos ilegales, humillados por los colonos y el gobierno desalmado que los protege. Espero que liberada entonces de *sus caínes sempiternos*.

El crimen fue en Gaza, el genocidio está siendo en Palestina, denuncia Pascual. Y sangra su herida. Aun así, incluso abrumado por tanta *memoria exhausta, oídos sordos de tanto llanto*, todavía encuentra el poeta *lirios y rosas entre los escombros*, y una *venidera esperanza en primavera* para este pueblo masacrado.

Como las cigarras de esa tierra palestina, donde también habita su corazón, Pascual sigue cantando y llorando, con su pluma y con su voz.

PALESTINA EN EL CORAZÓN

MEMORIAL DE PRAGA

Cuántas dudas en las lápidas,
en las fosas y caminos...?
Lágrimas y silencios.
Silencios sobre las lágrimas
que ahora se niegan...
¡Como la Historia!

Ocurrió en Camboya
–gritos, incluso, por las carreteras–.
Ocurrió en Chile: en los Andes
y en la Patagonia...
En la Pampa Argentina
y en la ciudad de Buenos Aires.
Ocurrió en España –bajo cruces
sin memoria– (y la ignominia
de las togas negras investiga
a quien llora).
En Sudáfrica ocurrió, y
en los gulags de las planicies de Siberia.
Y todos los días existe un «Memorial
de hambre y exterminio».

La última palabra...?:
el suspiro de la rosa.

La última duda...?:
el «Memorial de Praga» –con sus nombres
en paredes blancas–
y el «Memorial de Gaza»
–con sus apellidos alimentando
las raíces de una acacia y
sus sonrisas perdidas en el desierto–.

Y siempre, siempre:
¡silencio y sangre!
¡Sangre y silencio
para amamantar a la Ausencia!

CRUELES GUERRAS
Haikus encadenados

No olvidé ayer
la cita de las noches,
en las estrellas

que aún titilan
en el inmenso cielo,
y en mi memoria...

luces cansadas
de infinitas batallas
y crueles guerras...

memoria exhausta:
venidera esperanza
en primavera

TIEMPO DE GUERRA
Haikus encadenados

Tiempo de guerra:
roja la mar, de sangre,
roja la tierra

suspiros, cielos,
en los cielos, suspiros
con amapolas

almas en sendas
por los aires abiertas
para cigarras...

que cantan, lloran,
lloran, cantan, perplejas:
besos de muerte

cópula ¿humana?
indecente cópula
entre las bombas

supersónicas,
calladas e infernales
entre amapolas...

entre amapolas,
entre lirios y rosas
con los escombros

una rodilla
entre flores quemadas...
¡angustia eterna!

Dolor de saldo
mientras mueren palabras:
libretas rotas

entre amapolas:
futuros ya sombríos:
tiempo de guerra

sangre en la mar,
vómitos en la tierra;
fuego en el cielo.

¡OLIVO! ¡OLIVO!
Haikus encadenados

Paz y paloma.
Paz, corriente y olvido…
¡Olivo! ¡Olivo!

Paloma en pico
Metralla con fósforo
Sobre hospitales

Niños y madres
Llanto, silencio y sangre:
¡Olivo! ¡Olivo!

Sin tierno amor
Acunado en los brazos
Que ya volaron

Con los escombros
De hospitales derruidos
¡Olivo! ¡Olivo!

Plántame verde…
Plántame en Ararat
Paz y paloma

Que fue un mal sueño
La guerra sobre el vientre
¡Ay, Pacha. Mama!

¡Olivo! ¡Olivo!

CRISTALES ROTOS
Haikus encadenados

Cristales rotos
Noche oscura y sombría
Sin día ni alba

Música y llanto
En húmedos sótanos,
Sobre los suelos

Llanto de niño
Que celebra la vida
Entre oropeles:

Padre en el frente;
Madre sin leche: ¡muerta!
Llanto de niño

Que en otros pechos
Va buscando pezones…
Cristales rotos

sobre los suelos:
la esperanza está herida:
«¡arco iris yerto!»

BAJO LAS PIEDRAS
Haikus encadenados

Bajo las piedras
Ocultos los infiernos.
¡Y entre los cielos!

¿Entre los cielos?...
Pájaros de metal
Con vientre abierto.

Entre las raíces
De un asesino y su alma,
Llantos de niños

Que tienen hambre
De leche y girasoles…
¡mueren las flores!

«¿Y la ternura?»
¡Una muñeca clama! …
Con la esperanza:

Sobre la tierra
Flores blancas de almendros
Volando al cielo.

BALONES HUÉRFANOS

«...mientras por todas las calles se te escapa
«la corza blanca de la dicha
y por todos los ciclos
el ave inalcanzable de la esperanza»

Rafael Morales

Quiero escuchar gritos que no oyen
mis oídos, sordos
de tanto llanto...

Ver quiero, porque mis ojos, de tanto fuego,
andan ciegos...

Y sentir que mi alma deja de ser un cristal esmerilado
desde tanta mentira programada
cada juego interrumpido, cada beso
de niño, perplejo de mejilla quemada, ausente
de dolor e insensible a la rabia.

Y desde el mismo cielo de Gaza
tanto azufre y tanto fósforo... Y mis oídos
sordos a tanto mar repleto de risas y olas ausentes.
Balones huérfanos en la playa
por las piernas amputadas junto a las caracolas.

Metralla piden hoy esos niños palestinos:
metralla a las palabras. Versos, simplemente,

elevándose al cielo contra tanto
uniforme canalla, verde –¡Qué paradoja!–
cuando el color de Gaza es rojo sangre
y luto negro
en el desierto de la desesperanza.

AQUEL DESTINO...
Haikus encadenados

Días de estruendo;
triste la primavera
y los almendros...

Nubes de fuego;
miedos tienen los niños
mirando al cielo.

Nanas de angustia
mientras los pechos, secos,
son tetas mustias.

De niños, llantos...
y de madres, sin cantos,
quedos silencios...

¿y los almendros...?
Triste la primavera:
¡días de estruendo! ...

...Aquel destino
El viento lo señala…
¡Y la metralla!

BAJO LA TIERRA
Haikus encadenados

Todo igual, dicen...
pero no: un niño más
bajo la tierra.

Sangre y conquista,
sonrisas con derrotas
bajo la tierra.

Pájaros, miedos,
campos con flores muertas
bajo la tierra...

¿y las palabras...?
¿en al agua...? ¿en el cielo...?
Bajo la tierra.

Bajo la tierra,
raíces de la esperanza
entre los muertos.

EL POEMA DE MI VIDA

El poema de mi vida estaba esperando...
sin prisas,
sin aburrimientos,
sin desánimos...

ahora
cogía en sus manos
una mariposa imperial... y, abriendo
su ternura,
la dejaba volar hacia el almendro

ahora
se sentaba en el meandro,
donde el agua siempre cantaba
para las calandrias.
Y, entre beso y lágrima,
suspiraban: aquí no hay verso,
o está manido
de consabidas metáforas que nada dicen...
o de tanto decir
aletearon...

ahora,
aleteando sobre alambradas,
el dichoso poema
de mi vida cogió una rama de olivo

y fijó el camino de vuelta:
desde el monte Ararat al...

¡por Dios! ¿qué dices?
El Arca es una entelequia de los sueños;
los sueños una quimera de las golondrinas;
las golondrinas, m
una imposición de los llantos...

¿los llantos...? el hambre
y el suicidio de los niños - entre fusiles-
que cambiaron las amargas lágrimas
por la pólvora...

la pólvora... pero ¿qué dices?
¿qué dices...?

¡ahora, luego, siempre,
nunca o nunca...!
pero deja a los versos en Paz:
¡Ya caerán de lo bolsillos!

¡INOCENCIA MUERTA!

Tengo un MAR de males
donde no sé
nadar.
Y el influjo de supervivencia
me ofrece, tan sólo,
un MAL de mares:
olas de sangre;
sed de guerra...
y miles... miles...
miles de niños gazatíes
con sus mortajas blancas
como la espuma:

«¡Predícalo para que se sepa:
cada inocencia muerte
es la PAZ DE JEHOVÁ,
Señor de los ejercitos».

CATORCE TERRORISTAS MENOS

Catorce prematuros,
sin luz en las incubadoras,
son catorce terroristas menos...

¡qué no sufran!
¡qué no sufran!

¡qué su llanto no entre
en el menú de la decencia,
mientras Biden y Netanyahu
brindan por el néctar de la paz!

MORTAJAS BLANCAS

—No me digas que Gaza tiene río...
—Tuvo y tiene:...

de arena... de arena quemada... de fuego... de
acacias pérplejas...

de edificios en cascada

con su fuente en el cielo

de humo como caricias
arremolinadas

de llantos de niños...

—No seas idiota:
los niños de Gaza no saben llorar.
Si acaso morir
con un salto de suspiros.

Es que no te enteras: ¡Río!¡Río!
¡Río de mortajas blancas!

LOS COLORES DEL MEDIODÍA

No se sabe cómo...
inexplicable:
al desescombrar, la perra,
hecha un ovillo,
protegía un pequeño cuerpo...
de las explosiones,
de los cascotes... del humo asfixiante.
Incluso de los colores del mediodía
y la oscuridad del futuro...

lamía sus lágrimas

«¡Vaya hombre!
dijo un rescatador, dubitativo:
¡como si los perros tuvieran alma!»

Salam*, catorce años
y doscientas mil vidas,
volvía con un poco de leche
para la perra y su hermanita...

Salam –una vida más, una
esperanza menos–
escuchó las palabras del bombero...

«eahira»** no tiene alma...
los que tiran las bombas
sí, son «almalayikat alsighar»***

LA RAZÓN

No preciso que me digas
de parte de quién,
o mejor, dónde está la RAZÓN...

De una parte: llanto y desolación;
manos amputadas;
cuerpos peleles;
criaturas sin balón
–o sin piernas para jugarlo–;
ríos que no tienen agua
–perdón, tienen lágrimas a mares,
y cuando les falta les sobra sangre–...

¡y aún comparan!¡ aún comparan!

«¡Déjate de demagogias...!
¿aún comparan qué?
...del otro lado qué...?»

Tanques; más tanques; más tanques
y miles, miles y miles de bombas*...
y las oraciones de Rabinos y Papa.

---

* Desde el 7 de Octubre, según el PAÍS y diferentes fuentes de información occidentales, EEUU ha suministrado a Israel 1800 bombas (no estoy seguro de si la cifra son 1600 o 1800)

LA VUELTA DEL GORRIÓN
Al sur metralla; al norte mentira

El gorrión decidió volver
...

Fuego en el norte,
a la orilla del Jordán:
y no encontró a Ahmed
–el que da las gracias a Dios–,
ni encontró a Maira
–la amada de Dios–...
Al sur, al sur, gritaba Fadi, el Salvador,
y Ghali, el defensor, llorando
gritaba: al Sur, al Sur gorrión,
en la noche te lo pide Laila
para que cantes la belleza de Lea,
su hermana, entre metralla,
al amanecer...
pero si no sonríe Bassam
que entre escombros saca la mano
y su alma, que Nahid
acerca a las estrellas...

Al Sur... al Sur señala Netanyahu
que ya no pacta con Dios
sino con la falacia y la metralla...

y Nayla con sus ojos de lucero
suplicando al gorrión,
no vuelvas, pequeño, no vuelvas:
lleva la sonrisa de Balam y el alma de Malak
donde los ángeles escuchen tus trinos
y no la sangre y el terror de la mentira.

¡HACIA EL SUR...!

Hacia el sur, hacia el sur
gritaban desde las torretas,
sonrientes los soldados...
en las manos, palomas asustadas,
para todos juntos metralla.
Metralla...
en los ojos, y en la mente, sobre todo...

un día fue Mathausen, Dachau,
Auchwitz
mientras Hitler e Himmer
bailaban un vals sobre esqueletos.

Hacia el sur, hacia el sur, grita
asentado en sus ideas Netanyahu.
Y piensa: todos juntos
mueren mejor: Al Mawasi,
Rafah... Agua, ¿para qué?
¿Harina? No los queremos blancos...

Hacia el sur: queremos palomas asustadas
en Shati
y en Bureij, gorriones muertos
para sustento de los ángeles
y la gloria de quien dice:

«¡Así conocerán a Jehová
Señor de los ejércitos
y Cruz Gamada de David!»

¡Hacía el Sur! ¡Hacia el Sur...!

LA MENTIRA

¿Pero cómo es posible...?
¿Cómo...?
porque yo no encuentro explicación:
la «alfombra roja de las transparecias»
y su ignominia por los cielos;
y la alfombra de sangre
–cuyo color desconozco–
cuyo vestido es una amputación,
una flaccidez sin caderas,
una lagrima que quiere volar,
con el gorrión,
más allá de los infiernos:
una lágrima
–hilo del alma–
contra la alfombra roja de la infamia.

¿Quién vencerá? La escuálida
rama de olivo de Gaza,
o el ramo de rosas
que se avergüenza de ser la mentira.

SUEÑOS DE LIBERTAD

Antes de que la Estrella de David
ahogue mis sueños de libertad
escojo el callejón de la muerte

Nunca, nunca más, sin rencor,
lloraré en la Sinagoga de Praga

y en ese oscuro callejón,
al hombro llevo,
un gorrión inocente:
su abuelo dejó
sus trinos
en las cámaras de Dachau.

LLORAR BAJO UNA PALMERA

Llorar bajo una palmera
que aún existe
con su penacho
abierto al cielo, y verde.

Ya se sabe, tus cuitas
son de amores.
¡Mejor sin nombres!

¿...cuitas?: del alma
susurros...

...de una palmera
que no se pregunta
por sus fracasos...
¿cuánto menos investigará tu llanto,
que se refleja en el río
como un adiós entre meandros...

llorar bajo una palmera
creyendo en la esperanza
de abril... que siempre
se llena de jazmines,

pero rechaza los colores
de la metralla
que invaden el cielo
de Gaza...

abril, palmera, jazmines,
primavera, fuego, llanto... GAZA,
GAZA, GAZA
como si fueran gritos de tierra
y no, humanos quejidos
de niños
sin piernas, sin palmeras y sin patria.

La Fea Burguesía
— EDICIONES —

Este libro, *Palestina en el corazón,*
se acabó de imprimir en mayo de 2024

COLECCIÓN POESÍA

OTROS TÍTULOS

PAU
LI
NA

JOSÉ BELMONTE

PRÓLOGO: MANUEL VILAS

EPÍLOGO: MIGUEL MUNÁRRIZ

La Fea Burguesía

POESÍA

OTROS TÍTULOS

27. *LA TERRAZA AZUL* de CARMEN MARTÍNEZ MARÍN
Rústica con solapas, 100 páginas.
ISBN: 978-84-125967-9-3
PVP: 12,00 €

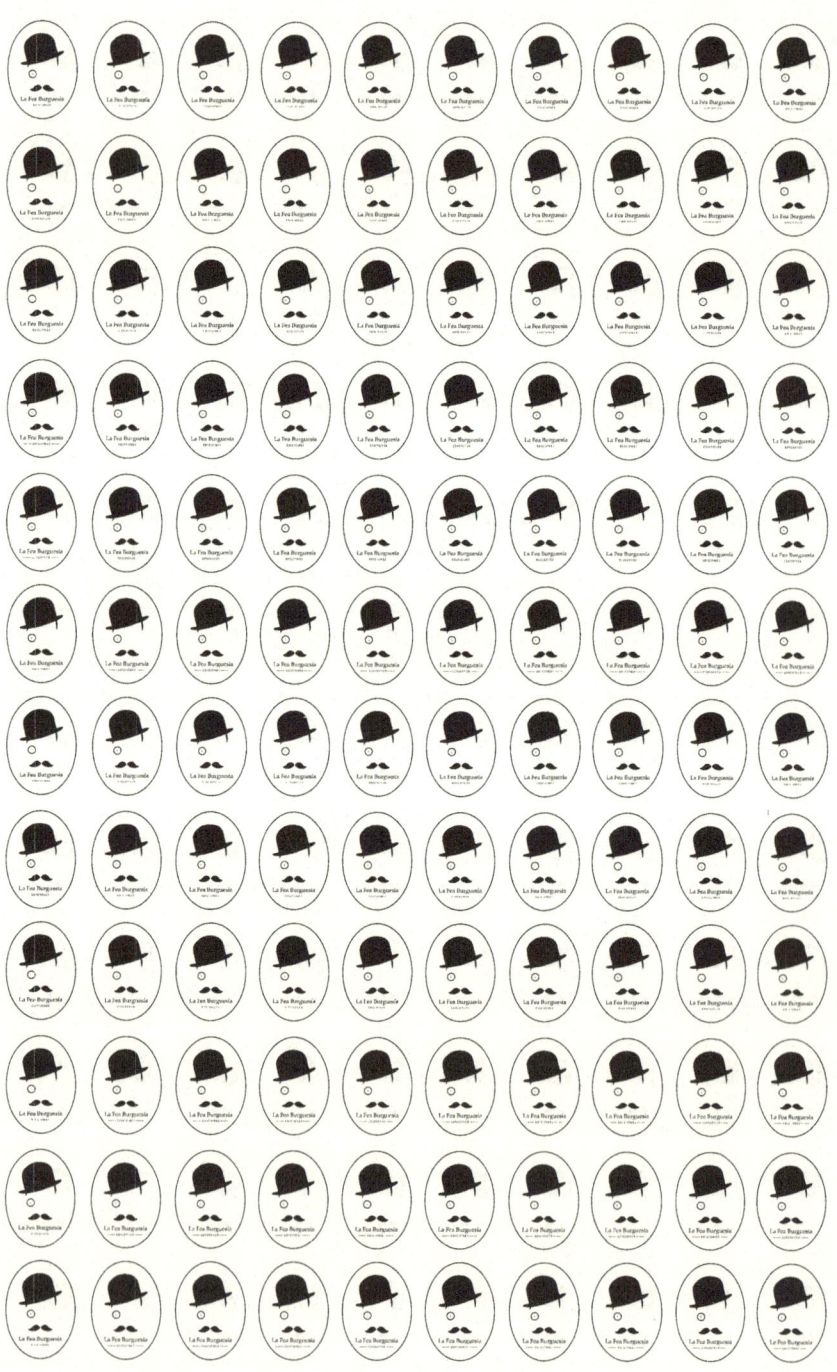